Guía de lectura

Escrita por Cécile Perrel
Traducida por Laura Soler Pinson

La carta robada

de Edgar Allan Poe

Entiende fácilmente la literatura con

ResumenExpress.com

www.resumenexpress.com

WILLIAM SHAKESPEARE 1

Poeta y dramaturgo inglés

ROMEO Y JULIETA 2

Una historia de amor mítica

RESUMEN 3

ESTUDIO DE LOS PERSONAJES 10

Romeo
Julieta
Mercucio
El ama
Fray Lorenzo
Teobaldo
Benvolio
Montesco
La señora Montesco
Capuleto
La señora Capuleto
Paris
El príncipe Escalus
Fray Juan
Rosalinda

CLAVES DE LECTURA 15

El teatro isabelino
El amor y el odio

El destino

PISTAS PARA LA REFLEXIÓN   21

Algunas preguntas para profundizar en su reflexión...

PARA IR MÁS ALLÁ   24

WILLIAM SHAKESPEARE

POETA Y DRAMATURGO INGLÉS

- **Nacido en 1564 en Stratford-on-Avon (Reino Unido)**
- **Fallecido en 1616**
- **Sus obras más importantes son:**
  - *El sueño de una noche de verano* (1592-1595), comedia
  - *Ricardo III* (1592-1595), drama histórico
  - *Hamlet* (1595-1600), tragedia

Poeta y dramaturgo, figura eminente de la literatura inglesa y en particular del teatro isabelino (de la reina Isabel Iª, 1558-1603), William Shakespeare nació en 1564. Su existencia histórica ha sido puesta en duda en varias ocasiones, y, a pesar de que ciertos periodos de su vida sean desconocidos, parece que existió en realidad. Escribió 37 obras que se clasifican generalmente en cuatro categorías: las obras históricas, como *Ricardo III*, las comedias como *El sueño de una noche de verano*, las grandes tragedias como *Hamlet* y, por último, las últimas piezas entre las cuales encontramos *La tempestad*. Por el año 1600 la compañía de teatro de este actor y escritor, considerada como una de las mejores de Londres, fija su itinerario en el Globe. William Shakespeare muere en 1616.

ROMEO Y JULIETA

UNA HISTORIA DE AMOR MÍTICA

- **Género :** teatro (tragedia)
- **Edición de referencia :** Shakespeare, William. 1993. *Romeo y Julieta*. Traducido por Ángel-Luis Pujante. Madrid: Espasa Calpe
- **Primera edición :** 1594-1595
- **Temas :** odio, amor, destino, prohibición, veneno

A medio camino entre la tragedia y la comedia, *Romeo y Julieta* es la historia de amor más famosa de la literatura inglesa. Escrita entre 1594 y 1595, y publicada por primera vez en 1597, esta obra de teatro en cinco actos nos cuenta el destino trágico de dos jóvenes amantes cuyas familias, los Montesco y los Capuleto, se odian desde siempre.

La estructura de la obra es simple, no hay intrigas secundarias. La historia, que se desarrolla en cuatro días, tiene lugar en el mes de Julio en Verona y en Mantua, dos ciudades al norte de Italia, y al comienzo del siglo XIV.

RESUMEN

PRÓLOGO

El coro introduce la trágica historia de dos familias nobles de Verona.

ACTO I

Escena 1

Un altercado estalla entre los mayordomos de dos familias enemigas. Benvolio, sobrino de Montesco, y Teobaldo, sobrino de Capuleto, intentan separarlos, pero acaban luchando ellos también. Los jefes de las dos casas y sus mujeres llegan. El príncipe de Verona, Escalus, interviene y los amenaza de muerte si vuelven a perturbar la paz de la ciudad. Todos se separan, pero Benvolio se queda discutiendo con Montesco y su mujer sobre el estado melancólico del hijo de ambos, Romeo. Este aparece y le revela a Benvolio el amor desesperado que siente por Rosalinda, una joven que ha hecho voto de castidad.

Escena 2

Capuleto habla con Paris, un joven conde que desea desposar a su hija, Julieta. Capuleto le invita a una fiesta que celebrará esa misma noche, donde Paris tendrá la oportunidad de cortejar a Julieta. Entrega la lista de los invitados a su mayordomo. Este, al ser analfabeto, le pide a Romeo y a Benvolio que la descifren en su lugar. El mayordomo les invita a ellos también a la fiesta.

Escena 3

En la casa de los Capuleto, la señora Capuleto, acompañada del ama, le pregunta a Julieta qué piensa sobre el matrimonio. Esta responde que aún no había pensado en eso. Su madre le pide que considere la proposición de Paris.

Escena 4

Romeo, Mercucio y Benvolio llegan a la fiesta enmascarados. Romeo les revela que ha soñado que ir a la fiesta sería una mala idea y que iba a producirse una catástrofe.

Escena 5

Capuleto recibe a sus invitados. Romeo, asombrado por la belleza de Julieta, se olvida rápidamente de Rosalinda. Teobaldo reconoce la voz de Romeo y pretende matarlo. Capuleto le prohíbe provocar un escándalo. Teobaldo jura vengarse. Romeo se acerca a Julieta y tras hablar un rato, se besan. Romeo averigua que Julieta es una Capuleto y, devastado por la noticia, abandona la fiesta. Julieta averigua también que Romeo es un Montesco y cae en la desesperación.

ACTO II

Prólogo

El coro describe el amor que ha nacido entre Romeo y Julieta y la dificultad de un futuro reencuentro, debido al odio que opone a sus familias.

Escena 1

Romeo escala el muro del jardín de los Capuleto. Benvolio y Mercucio parten en su busca sin éxito.

Escena 2

Julieta aparece en una ventana e, ignorando la presencia de Romeo, se pregunta dónde estará. Para su gran sorpresa, Romeo le responde y acaban confesando su mutuo amor.

Escena 3

Romeo visita a Fray Lorenzo y le revela el amor que siente por Julieta y su deseo de casarse con ella. Fray Lorenzo, viendo la oportunidad de reconciliar a las dos familias, acepta casarlos.

Escena 4

Romeo se reúne con Benvolio y Mercucio y explica por qué desapareció la noche anterior. Entonces, aparece el ama y solicita hablar con Romeo. El matrimonio queda fijado para la misma tarde.

Escena 5

En el jardín, Julieta espera impaciente la llegada del ama, que la apremia para que vaya a confesarse.

Escena 6

Julieta queda con Romeo y Fray Lorenzo, que los casa.

ACTO III

Escena 1

Una disputa estalla entre Montescos y Capuletos. Teobaldo provoca a Romeo, pero este se niega a pelear. Mercucio ataca a Teobaldo y muere apuñalado. Romeo se venga entonces de la muerte de su amigo y mata a Teobaldo. Benvolio le aconseja que huya para evitar que lo condenen a muerte. El príncipe llega y destierra a Romeo de Verona.

Escena 2

Julieta espera a Romeo en su jardín. El ama le anuncia la muerte de Teobaldo y el exilio de su amado.

Escena 3

Fray Lorenzo le comunica a Romeo su sentencia. Este se marcha a despedirse de Julieta antes de dejar Verona para partir hacia Mantua, donde permanecerá hasta que Fray Lorenzo haga público su matrimonio.

Escena 4

Capuleto ofrece la mano de su hija a Paris y fija la fecha de la boda para el jueves siguiente.

Escena 5

Un poco antes del alba, Romeo se apresura a dejar la habitación de Julieta. La pareja se besa y Romeo se escapa por la ventana. La señora Capuleto entra y anuncia a su hija que se casará con Paris. Julieta lo rechaza. Al enterarse de la decisión de su hija, Capuleto la amenaza con deshonrarla. Julieta implora piedad a su madre, que se niega a ayudarla. El ama le aconseja del mismo modo que se case con Paris. Traicionada, Julieta finge aceptar su destino y va a confesarse a Fray Lorenzo.

ACTO IV

Escena 1

Fray Lorenzo habla con Paris sobre su unión inminente con Julieta. Esta llega y le pide consejo al cura, que le da un frasco que, al beberlo, hará que parezca estar muerta durante 42h. Cuando se despierte, Romeo, al que el fraile avisará previamente, la llevará consigo a Mantua.

Escena 2

Julieta comunica a sus padres que se casará con Paris. El matrimonio se adelanta a la mañana del día siguiente.

Escena 3

Julieta quiere quedarse sola en su habitación por la noche. A pesar de las dudas, acaba bebiendo la poción.

Escena 4

Capuleto, habiéndose quedado despierto toda la noche para terminar los preparativos, envía al ama a despertar a Julieta.

Escena 5

La nodriza encuentra a Julieta tendida en la cama sin vida.

Todos lloran su muerte. Fray Lorenzo los apresura para que lleven a cabo los preparativos del entierro.

ACTO V

Escena 1

En las calles de Mantua, Romeo se encuentra con Baltasar, su paje, que le comunica la muerte de su amada. Desconcertado, Romeo decide pasar la noche a su lado. Durante el camino, se detiene en un boticario donde compra veneno.

Escena 2

Fray Lorenzo descubre Fray Juan, a quien ha entregado una carta dirigida a Romeo, no ha podido salir de la ciudad debido a una epidemia de peste. Lorenzo se marcha de la ciudad para salvar a Julieta.

Escena 3

Mientras pone flores en la tumba de Julieta, Paris escucha un ruido y se esconde. Romeo llega junto con Baltasar, a quien entrega una carta a la atención de su padre. Romeo abre la tumba donde yace Julieta. Paris, desconsolado aún por la muerte de Teobaldo, reconoce a Romeo, al que considera culpable de la muerte de Julieta. Intenta detenerlo, pero Romeo lo mata. Besa por última vez a Julieta y bebe el veneno. Julieta se despierta y besa a Romeo con la esperanza de que quede un poco de veneno en sus labios. Al escuchar a los guardias que se acercan, coge el puñal de Romeo y acaba con su vida. Los guardias arrestan a Baltasar y a Fray Lorenzo.

Los Capuleto, los Montesco y el príncipe llegan. Montesco anuncia que su mujer ha muerto de pena la noche anterior. El príncipe interroga a Fray Lorenzo, que cuenta la trágica historia de Romeo y Julieta. La carta de Romeo dirigida a su padre confirma el relato. A los pies de los cuerpos inertes de sus hijos, Capuleto y Montesco se reconcilian.

ESTUDIO DE LOS PERSONAJES

ROMEO

Hijo único de los Montesco, Romeo tiene menos de 20 años. Es un joven idealista e imprevisible, de humor variante, puede llegar a tener un comportamiento extremo, lo que le llevará a su perdición. En Verona lo aprecian y respetan. Aunque su familia esté en conflicto permanente con los Capuleto, la violencia no le interesa. Lo único que le interesa es el amor e incluso está enamorado del concepto mismo del amor. Sus sentimientos maduran a lo largo de la obra. Enamorado al principio de Rosalinda, la olvida desde el momento en que ve a Julieta, con quien vivirá una intensa pasión que acabará resultando fatal. Del mismo modo, es un fiel amigo que no duda en matar a Teobaldo como venganza por la muerte de Mercucio.

JULIETA

Hija única de los Capuleto, Julieta tiene menos de 14 años. Aunque conozca pocas cosas sobre el amor, se enamora al instante de Romeo, a quien entrega su vida sin reservas. Joven dócil y tierna, casi nunca sale de casa y pasa mucho tiempo en el jardín, símbolo de su soledad. Su única amiga es el ama, que no duda en rechazarla cuando esta se opone a su relación con Romeo. El personaje de Julieta madura a lo largo de la obra. De una joven ingenua y sobreprotegida pasará a ser una mujer decidida y segura de ella misma. En los casos en que Romeo actúa de manera impulsiva, Julieta da muestras de un cierto pragmatismo: reflexiona sobre la situación y sobre el aspecto práctico de las cosas.

MERCUCIO

Padre del príncipe, es amigo íntimo de Romeo. Jovial y desvergonzado, le gusta jugar con el lenguaje, y su discurso siempre está salpicado de juegos de palabras y de dobles sentido. No comparte la visión romántica del amor de Romeo y le incita a que considere el amor como la simple satisfacción del deseo sexual. Asesinado por Teobaldo tras una pelea, es el único personaje de la obra que no cree que su muerte sea obra del destino. En sus últimos segundos de vida, acusa a los Capuleto y a los Montesco de ser los responsables de su muerte.

EL AMA

Madre sustituta de Julicta, es muy charlatana y hace comentarios graciosos e incluso inapropiados. Fiel confidente, desempeña el papel de la intermediaria entre Julieta y Romeo. Tiene una visión del amor que se opone a la de Julieta: mientras que la joven es idealista, el ama tiene los pies en la tierra y considera que cualquier hombre que sea rico y guapo es un buen partido.

FRAY LORENZO

Monje franciscano, se trata de un hombre moderado y sensato, que ve en la unión de Romeo y Julieta una posible reconciliación entre las dos familias enemigas y el retorno de la paz a Verona. Tiene buenos conocimientos de botánica y prepara con cuidado la poción que permitirá a Julieta hacerse la muerta. Aunque traza los diferentes planes con buenas intenciones, conduce a los amantes a un final trágico.

TEOBALDO

Es sobrino de la señora Capuleto y primo de Julieta y representa la encarnación viva del odio entre los Capuleto y los Montesco. Violento y continuamente colérico, recibe la muerte a manos de Romeo.

BENVOLIO

Sobrino de Montesco, es fiel amigo de Romeo. A diferencia de Teobaldo, es un individuo pacífico que intenta evitar cualquier conflicto.

MONTESCO

Marido de la señora Montesco y padre de Romeo, es el patriarca de la familia Montesco.

LA SEÑORA MONTESCO

Esposa de Montesco y madre de Romeo, se preocupa mucho por su hijo y muere de pena cuando lo destierran de Verona.

CAPULETO

Es marido de la señora Capuleto y padre de Julieta, un hombre muy respetado que se enfurece con facilidad. Como padre que quiere a su hija, cree saber qué le conviene en todo momento.

LA SEÑORA CAPULETO

Es esposa de Capuleto y madre de Julieta, no crió a Julieta y, por tanto, no la conoce muy bien. Es incompetente y utiliza a la ama cada vez que quiere algo de Julieta.

PARIS

Este joven conde, es, en opinión de Capuleto, el mejor esposo que Julieta podría conseguir. Es un hombre conveniente que corteja a Julieta según las normas establecidas (se encuentra con ella en lugares públicos, pide la mano al padre, etc). Pero es también un hombre insípido, que no presta en realidad atención a Julieta, hasta el punto de desconocer la razón de su tristeza.

EL PRÍNCIPE ESCALUS

Es el príncipe de Verona y trata de mantener la paz en la ciudad e interviene desde que hay síntomas de una posible batalla.

FRAY JUAN

Monje franciscano, es el encargado de entregar la carta del hermano Laurencio a Romeo. Por desgracia, no conseguirá su misión, arrojando a Romeo y a Julieta a su fin.

ROSALINDA

Es la joven de la que Romeo se enamora locamente al comienzo de la obra. No aparece en ningún momento.

CLAVES DE LECTURA

EL TEATRO ISABELINO

Esta nueva forma de teatro nace en Inglaterra al comienzo del reinado de Isabel Iª y se extiende desde la segunda mitad del siglo XVI hasta la primera del siglo XVIII.

Desde 1560, el teatro inglés conoce una serie de cambios radicales. Antes de esta fecha, el teatro como espacio no existía. Las obras, de carácter religioso, se representaban en las plazas, en los colegios, etc. Ser actor no era, en realidad, una profesión.

- Las compañías de actores profesionales se forman a pesar de la reticencia de la Iglesia. Los primeros dramaturgos ingleses aparecen en el año 1580, y John Lyly, Christopher Marlowe y Thomas Kyd redactan piezas de un género nuevo, pensadas para los teatros profesionales, lo que constituye otro cambio importante. En 1567, se crea el primer teatro inglés, The Red Lion. Le siguen otros como el Globe (1596), donde actúa la compañía de Shakespeare.
- En este contexto Shakespeare llega a Londres y comienza a escribir. Por desgracia, los puritanos, que consideraban que la actividad teatral iba contra la moral, cerrarán los teatros en varias ocasiones.

En cuanto a la arquitectura teatral inglesa, la sala, de forma circular, se divide en varios espacios escénicos:

- el patio interior, donde se encuentran los espectadores,

con el techo descubierto;

- un escenario rectangular, que sobresale hacia el patio, acercando a los actores al público;
- de cada lado del escenario se encuentran dos piezas anexas, donde se desarrollan las escenas secundarias, y también un balcón;
- estos teatros públicos pueden acoger a cerca de tres mil espectadores.
- Las obras de teatro isabelinas se representan de forma ininterrumpida y sin división entre escenas (los editores son los que las añadirán en el siglo XVIII en la obra de Shakespeare). De este modo, mientras que el acto IV de Romeo y Julieta, dividida en cinco breves escenas, puede parecer larga al espectador moderno, se encadena de manera rápida en el teatro isabelino.
- Hay poco decorado y poco juego de luces; por ello, los personajes indican con frecuencia el lugar en el que se encuentran («A mi buen confesor en su celda he de verle [...]», Shakespeare 1993, acto II, escena 2) y el momento del día («Buenos días, primo. [...] Las nueve ya han dado», Shakespeare 1993, acto I, escena 1).

Este tipo de producción, simple y rápida, hace posible una cierta intimidad entre los actores y su público, que forma parte integrante del espectáculo.

EL AMOR Y EL ODIO

Son los dos temas principales de la obra. Estos sentimientos apasionados debido a su carácter extremo son muy violentos y conducirán a la muerte a numerosos protagonistas.

- El odio es una constante. Desconocemos la razón por la cual los Capuleto y los Montesco se detestan. Sabemos que son dos familias «de rango y calidad» (Shakespeare 1993, 41); el espectador no está tentado de tomar partido entre una u otra. El odio opone a todas las clases sociales: los sirvientes, los jóvenes y sus amos. Debido a este odio mutuo, el amor entre Romeo y Julieta es imposible. Ni el Estado (príncipe Escalus) ni la religión (Fray Lorenzo) consiguen ponerle término. La muerte de Romeo y Julieta y la vergüenza que sienten los padres de cara al ridículo conflicto que los oponen y que ha conducido a sus hijos a la tumba es lo que reconcilia a las dos familias.
- El amor es violento. Es una fuerza irresistible que empuja el resto de valores y emociones de la obra a un segundo plano. Romeo y Julieta están dispuestos a renegar de sus familias (Romeo: «Llámame *amor* y volveré a bautizarme: desde hoy nunca más seré Romeo», Shakespeare 1993, acto II, escena 2), de sus amigos («Vete, consejera. Tú y mis pensamientos viviréis como extraños», Shakespeare 1993, acto III, escena 5) e incluso de la autoridad que los gobierna (Romeo le hace una visita a Julieta tras ser desterrado de Verona) en nombre de su amor. El amor no es un sentimiento delicado. Romeo y Julieta no es una novela romántica: el amor es un sentimiento potente, brutal, opuesto a la poesía romántica que lee Romeo al principio de la obra cuando está enamorado de Rosalinda. Al mismo tiempo, el amor que nace entre Romeo y Julieta está directamente ligado a la violencia. Cuando los dos amantes se conocen durante la fiesta de los Capuleto, Teobaldo se percata de la presencia de Romeo y jura matarlo (Shakespeare 1993, acto I, escena 5).

Es importante resaltar que la obra termina con la reconciliación de las dos familias triunfando el amor y no tras la muerte de Romeo y Julieta, en cuyo caso el odio resultaría victorioso. El amor es un concepto general, universal, que existe más allá de los sentimientos que comparten dos individuos.

EL DESTINO

El destino está muy presente en *Romeo y Julieta*, controlando el futuro de los personajes.

En el prólogo, el coro anuncia que el «amor de muerte» entre Romeo y Julieta nació «de la entraña fatal de estos rivales». El espectador descubre, por tanto, desde el principio de la obra, que los amantes están condenados a la muerte. Este fin trágico se menciona en varias ocasiones durante la pieza y los protagonistas son conscientes de ello:

- antes de ir a la fiesta donde conocerá a Julieta, Romeo declara:

  > «Muy temprano, temo yo, pues presiento que algún accidente aún oculto en las estrellas iniciará su curso aciago con la fiesta de esta noche y pondrá fin a esta vida que guardo en mi pecho con el ultraje de una muerte adelantada» (Shakespeare 1993, acto I, escena 5).

- antes incluso de conocer la identidad de Romeo, Julieta declara: «Pregunta quién es. Si ya tiene esposa, la tumba sería mi lecho de bodas» (Shakespeare 1993, acto I, escena 5).

Sin embargo, a lo largo de la historia, Romeo y Julieta tratan, sin éxito, de ir en contra de su destino:

- cuando descubre la supuesta muerte de Julieta, Romeo exclama: «Entonces yo os desafío, estrellas» (Shakespeare 1993, acto V, escena 1) e intenta oponerse a su destino comprando veneno. Por desgracia, este gesto los conducirá al suicidio;
- Romeo se da cuenta en varias ocasiones que no puede abandonar el camino trazado por su destino. Después de matar a Teobaldo, grita: «¡Ah, soy juguete del destino!» (Shakespeare 1993, acto III, escena 1).

El destino se manifiesta a través de una serie de coincidencias y de accidentes desafortunados y la historia de los amantes se ve invadida de numerosas trampas:

- a pesar del elaborado plan de Fray Lorenzo, Fray Juan no consigue darle a Romeo la carta que contiene toda la explicación: «¡Ah, desventura! Por la orden franciscana, no era una carta cualquiera, sino de gran trascendencia. No entregarla podría hacer mucho daño» (Shakespeare 1993, acto V, escena 2);
- Julieta se despierta justo en el momento en que Romeo sucumbe al veneno: «Ah, padre consolador, ¿dónde está mi esposo? Recuerdo muy bien dónde debo hallarme, y aquí estoy. ¿Dónde está Romeo?» (Shakespeare 1993, acto V, escena 3).

Este concepto del destino se emplea con frecuencia en las tragedias medievales. En las obras tardías de Shakespeare, el destino ya no es más el responsable de la ruina y la muerte de los protagonistas sino los propios personajes que, con sus decisiones y sus actos, encuentran su perdición. Un buen ejemplo de ello es *Otelo* o *El rey Lear*.

PISTAS PARA LA REFLEXIÓN

ALGUNAS PREGUNTAS PARA PROFUNDIZAR EN SU REFLEXIÓN...

- En la obra, el jardín tiene una importancia simbólica muy fuerte. Cite otros ejemplos de jardines famosos y explique su papel en la historia.
- «El infierno, son los otros», declaró Jean-Paul Sartre (escritor y filósofo francés, 1905-1980). Comente la cita en relación con *Romeo y Julieta*.
- Romeo y Julieta son personajes universales. Encuentre otras parejas emblemáticas de la literatura, cine o teatro y compárelas con los amantes de Verona.
- Fray Lorenzo declara, en cuanto a las plantas y las hierbas que cultiva:

  > «Pues no hay nada tan vil en la tierra que algún beneficio nunca le devuelva, ni nada tan bueno que, al verse forzado, no vicie su ser y se aplique al daño. La virtud es vicio cuando sufre abuso y a veces el vicio puede dar buen fruto» (Shakespeare 1993, acto II, escena 3).

- ¿En qué medida son relevantes para la obra las palabras de fray Lorenzo?
- La pieza se desarrolla en cuatro días y las indicaciones de tiempo son muy precisas (Julieta y Paris deben casarse un jueves, Julieta envía a su ama a hablar con Romeo a las nueve, etc). En su opinión, ¿qué efecto puede tener esta disposición del tiempo?
- Durante la primera escena de *Romeo y Julieta*, Samson,

un paje de Montesco, se muerde el pulgar frente a los Capuleto a modo de provocación. ¿Qué representa este gesto y qué nos dice a propósito del conflicto que rivaliza a las dos familias?

- «¡Ah, Romeo, Romeo! ¿Por qué eres Romeo? Niega a tu padre y rechaza tu nombre, o, si no, júrame tu amor y ya nunca seré una Capuleto» (Shakespeare 1993, acto II, escena 1). ¿Qué nos dice esta cita sobre la individualidad de Romeo y Julieta frente a la sociedad y la identidad de las dos familias ?

- ¿Qué relaciones mantienen Romeo y Julieta con sus padres? ¿Podría tratarse de un conflicto generacional?

- Julie-Anne Roth, actriz de teatro que ha representado el papel de Julieta en la puesta en escena de Stuart Seide, declaró que: «Siempre me ha parecido que hemos representado a Romeo y a Julieta de una manera cursi. Estoy convencida de que estos dos amantes no tienen nada que ver con la típica historia de tortolitos». Coméntelo.

- *El sueño de una noche de verano*, otra obra de Shakespeare, recurre con frecuencia al contraste entre el día y la noche, también presente en *Romeo y Julieta*. ¿En qué medida las desgracias de los jóvenes protagonistas de esta obra pueden compararse con las de Romeo y Julieta?

- Compare Romeo y Julieta con otras piezas de Shakespeare (*El rey Lear, Otelo, Macbeth*, etc) desde el punto de vista del papel y la importancia que tiene el destino.

PARA IR MÁS ALLÁ

EDICIÓN DE REFERENCIA

- Shakespeare, William. 1993. *Romeo y Julieta*. Traducido por Ángel-Luis Pujante. Madrid: Espasa Calpe.

ESTUDIOS DE REFERENCIA

- Morris, Helen. 1970. *Romeo and Juliet (Shakespeare)*. Oxford: Basil Blackwell.
- SparkNotes Editors, "SparkNotes on Romeo and Juliet", 2007. Consultado el 1 de diciembre de 2015. http://www.sparknotes.com/shakespeare/romeojuliet/

ADAPTACIONES

Existe una veintena de adaptaciones y variaciones cinematográficas de la obra de Shakespeare.

- *Romeo + Julieta*. Dirigida por Baz Luhrmann, con Leonardo DiCaprio y Claire Danes. Estados Unidos, 1996. Esta adaptación es la más reciente.
- *Shakespeare in Love*. Dirigida por John Madden, con Gwyneth Paltrow y Joseph Fiennes. Estados Unidos, 1998.
  Esta es otra película muy recomendable para ver. Al mezclar la vida de Shakespeare y la historia de Romeo y Julieta, ofrece numerosos datos sobre el autor y la época en la que vivió.

EN RESUMENEXPRESS.COM

- Guía de lectura de *Hamlet* de William Shakespeare.
- Guía de lectura de *El sueño de una noche de verano* de William Shakespeare.
- Guía de lectura de *Macbeth* de William Shakespeare.

ResumenExpress.com